Asha Sohal

Redes disruptivas: Revolucionando a conetividade na era digital

Asha Sohal

Redes disruptivas: Revolucionando a conetividade na era digital

ScienciaScripts

Imprint

Cover image: www.ingimage.com

This book is a translation from the original published under ISBN 978-620-7-64782-8.

Publisher:
Sciencia Scripts
is a trademark of
Dodo Books Indian Ocean Ltd. and OmniScriptum S.R.L publishing group

120 High Road, East Finchley, London, N2 9ED, United Kingdom
Str. Armeneasca 28/1, office 1, Chisinau MD-2012, Republic of Moldova, Europe
Printed at: see last page
ISBN: 978-620-7-71746-0

"Redes disruptivas: Revolucionando a conetividade na era digital"

Índice

1. Introdução às redes informáticas modernas 6

1.1 Evolução das tecnologias de ligação em rede 6

1.2 Panorâmica das arquitecturas de rede 7

1.3 Principais conceitos e terminologias 9

2. Fundamentos da transmissão de dados 11

2.1 Técnicas de codificação e modulação de dados 11

2.2 Meios de transmissão: Com e sem fios 13

2.3 Mecanismos de deteção e correção de erros 14

3. Protocolos e normas de rede 16

3.1 Conjunto de protocolos TCP/IP 16

3.2 Modelo OSI e arquitecturas em camadas 18

3.3 Protocolos e tendências emergentes 20

4. Dispositivos e infra-estruturas de rede 22

4.1 Routers e comutadores 22

4.2 Firewalls e dispositivos de segurança 23

4.3 Virtualização de rede e redes definidas por software (SDN) 24

5. Conceção e otimização de redes 26

5.1 Conceção da topologia da rede 26

5.2 Qualidade de serviço (QoS) e gestão do tráfego 27

6. Redes sem fios e móveis 30

6.1 Tecnologias WLAN: Normas 802.11 30

6.2 Redes celulares: 3G, 4G e mais além 32

6.3 IP móvel e serviços baseados na localização 33

7. Segurança da rede e gestão de ameaças 35

7.1 Criptografia e técnicas de encriptação 35

7.2 Sistemas de deteção e prevenção de intrusões (IDPS) 36

8. Redes em nuvem e sistemas distribuídos ... 39

8.1 Fundamentos da computação em nuvem ... 39

8.2 Tecnologias de virtualização ... 40

8.3 Sistemas distribuídos e escalabilidade ... 42

9. Direcções futuras em matéria de redes ... 44

9.1 Internet das coisas (IoT) e computação periférica ... 44

9.2 Blockchain e redes descentralizadas ... 45

9.3 Redes quânticas e comunicação segura em pormenor ... 47

Referências ... 49

Resumo ... 51

Resumo

Numa era definida pela conetividade digital, é fundamental compreender os meandros das redes de computadores. Este guia abrangente analisa os princípios fundamentais, os conceitos avançados e as tendências emergentes que moldam o panorama das tecnologias de rede modernas.

Começando com uma exploração da evolução histórica das redes, o livro navega através das intrincadas camadas das arquitecturas de rede, elucidando os principais conceitos e terminologias ao longo do caminho. Os leitores adquirem uma compreensão profunda dos fundamentos da transmissão de dados, incluindo técnicas de codificação, meios de transmissão e mecanismos de deteção de erros.

A discussão avança então para se aprofundar nos protocolos e normas de rede, fornecendo informações sobre o conjunto de protocolos TCP/IP, o modelo OSI e o domínio em constante evolução dos protocolos emergentes. Desde routers e switches a dispositivos de segurança de rede, o livro examina meticulosamente os dispositivos e a infraestrutura de rede, destacando o papel da virtualização e das redes definidas por software na definição do futuro da conetividade.

A conceção de redes eficientes e a otimização do desempenho são aspectos essenciais abordados em pormenor, oferecendo orientações práticas sobre a conceção da topologia da rede, a implementação da qualidade do serviço e estratégias de afinação do desempenho. O advento das redes sem fios e móveis é explorado, abrangendo as tecnologias WLAN, as redes celulares e os desafios do IP móvel e dos serviços baseados na localização.

A segurança surge como um foco crítico, com discussões sobre criptografia, sistemas de deteção de intrusão e melhores práticas de segurança essenciais para proteger as redes contra ameaças em evolução. A rede em nuvem e os sistemas distribuídos também são examinados, lançando luz sobre os fundamentos da computação em nuvem, as tecnologias de virtualização e os princípios da computação distribuída.

No final do livro, é dada atenção às futuras direcções das redes, incluindo a Internet das Coisas, a cadeia de blocos, as redes quânticas e as implicações das tecnologias emergentes no tecido da conetividade digital.

Com base numa grande quantidade de conhecimentos teóricos e práticos, este livro é um recurso indispensável para estudantes, profissionais e entusiastas que procuram navegar pelas complexidades das redes de computadores e aproveitar o seu potencial transformador na era digital.

1. Introdução às redes informáticas modernas

1.1 Evolução das tecnologias de ligação em rede

A evolução das tecnologias de ligação em rede traça um percurso fascinante desde os sistemas de comunicação rudimentares até às sofisticadas redes interligadas que definem a era digital. Esta secção oferece uma análise detalhada dos principais marcos e mudanças de paradigma que moldaram o panorama das redes modernas.

1. **Os primeiros sistemas de comunicação**: A narrativa começa com uma retrospetiva das primeiras formas de comunicação, desde os sinais de fumo e os pombos-correio até à invenção do telégrafo e do código Morse. Estes sistemas primitivos lançaram as bases para os protocolos de comunicação mais complexos que se seguiram.

2. **Revolução das telecomunicações**: O advento do telefone marcou um salto significativo na tecnologia das comunicações, permitindo a transmissão de voz em tempo real a longas distâncias. Esta era assistiu à proliferação de redes telefónicas, lançando as bases das modernas infra-estruturas de telecomunicações.

3. **Nascimento das redes de computadores**: A integração dos computadores nas redes de comunicação deu início a uma nova era de conetividade. As primeiras experiências de comutação de pacotes, como a ARPANET, abriram caminho para o desenvolvimento da Internet tal como a conhecemos atualmente.

4. **TCP/IP e a era da Internet**: O surgimento do conjunto de protocolos TCP/IP padronizou os protocolos de comunicação, permitindo a conetividade contínua em diversas redes. A Internet expandiu-se rapidamente, ligando milhões de computadores em todo o mundo e revolucionando a forma como a informação é acedida e partilhada.

5. **Arquitetura cliente-servidor**: A mudança para a arquitetura cliente-servidor transformou a dinâmica dos sistemas em rede, facilitando a computação distribuída e a partilha de recursos. Esta arquitetura constitui a espinha dorsal de muitas aplicações e serviços modernos, desde a navegação na Web até à computação em nuvem.

6. **Revolução sem fios**: O advento das tecnologias sem fios, como as redes Wi-Fi e celulares, desencadeou uma onda de inovação na comunicação móvel. As redes sem fios não só revolucionaram a comunicação pessoal, como também permitiram a proliferação de dispositivos IoT e tecnologias inteligentes.

7. **Paradigmas emergentes**: A evolução da rede continua com o surgimento de paradigmas emergentes, como computação de ponta, rede definida por software (SDN) e blockchain. Essas tecnologias prometem remodelar o futuro das redes, oferecendo novas possibilidades de escalabilidade, segurança e descentralização.

Ao traçar em pormenor a evolução das tecnologias de ligação em rede, esta secção fornece uma compreensão abrangente das forças históricas e dos avanços tecnológicos que impulsionaram o desenvolvimento das redes de comunicação modernas. Desde o início humilde até ao mundo interligado de hoje, o percurso das tecnologias de ligação em rede é um testemunho do engenho humano e da procura incessante de conetividade.

1.2 Panorâmica das arquitecturas de rede

As arquitecturas de rede servem de modelo para a conceção e implementação de redes de comunicação, fornecendo um quadro estruturado para organizar e gerir os recursos da rede. Esta secção oferece uma visão global das principais arquitecturas de rede, elucidando os seus princípios, componentes e funcionalidades.

1. **Arquitetura Centralizada**: As arquitecturas centralizadas apresentam um único ponto de controlo ou administração, normalmente incorporado por um servidor central ou hub. Esta arquitetura simplifica a gestão da rede, mas pode sofrer de pontos únicos de falha e limitações de escalabilidade.

2. **Arquitetura descentralizada**: As arquitecturas descentralizadas distribuem o controlo e a tomada de decisões por vários nós, promovendo a resiliência e a tolerância a falhas. As redes peer-to-peer (P2P) exemplificam esta arquitetura, permitindo a comunicação direta e a partilha de recursos entre nós interligados.

3. **Arquitetura distribuída**: As arquitecturas distribuídas aproveitam os princípios da computação distribuída para distribuir dados e tarefas de processamento por vários nós. Esta arquitetura aumenta a escalabilidade e o

desempenho, aproveitando o poder de computação colectiva dos dispositivos em rede.

4. **Arquitetura cliente-servidor**: A arquitetura cliente-servidor divide os sistemas em rede em funções de cliente e servidor, com os clientes a solicitarem serviços ou recursos a servidores centralizados. Esta arquitetura facilita a gestão centralizada e a atribuição de recursos, tornando-a ideal para muitas aplicações e serviços.

5. **Arquitetura ponto-a-ponto (P2P)**: A arquitetura ponto-a-ponto permite a comunicação direta e a partilha de recursos entre pares interligados, evitando a necessidade de servidores centralizados. As redes P2P apresentam propriedades de auto-organização e são adequadas para aplicações descentralizadas e distribuição de conteúdos.

6. **Arquitecturas híbridas**: As arquiteturas híbridas combinam elementos de arquiteturas centralizadas, descentralizadas e distribuídas para aproveitar os pontos fortes de cada abordagem. As plataformas de computação em nuvem geralmente empregam arquiteturas híbridas, integrando serviços de nuvem pública com infraestrutura local para aumentar a flexibilidade e a escalabilidade.

7. **Arquiteturas em camadas**: As arquitecturas em camadas organizam a funcionalidade da rede em camadas distintas, sendo cada camada responsável por tarefas ou protocolos específicos. O modelo OSI (Open Systems Interconnection) e o conjunto de protocolos TCP/IP são exemplos de arquitecturas em camadas, fornecendo uma estrutura normalizada para interoperabilidade e comunicação.

8. **Rede definida por software (SDN)**: A arquitetura SDN separa o plano de controlo do plano de dados, permitindo o controlo centralizado e a gestão programável dos recursos da rede. A SDN aumenta a agilidade e a flexibilidade da rede, facilitando o provisionamento dinâmico e a otimização dos serviços de rede.

Ao fornecer uma visão geral das arquitecturas de rede, esta secção fornece aos leitores uma compreensão fundamental dos quadros estruturais que sustentam as redes de comunicação modernas. Desde hubs centralizados a redes peer-to-peer descentralizadas, a diversidade de arquitecturas de rede reflecte a evolução das necessidades e desafios da era digital.

1.3 Principais conceitos e terminologias

Compreender os conceitos e terminologias fundamentais das redes de computadores é essencial para navegar nas complexidades dos sistemas de comunicação modernos. Esta secção fornece uma visão geral abrangente dos principais conceitos e terminologias que formam a base dos princípios de rede.

1. **Protocolo**: Um protocolo é um conjunto de regras e convenções que regem a comunicação entre dispositivos numa rede. Os protocolos definem normas para a codificação de dados, transmissão e deteção de erros, assegurando a interoperabilidade e uma comunicação fiável.

2. **Pacote**: Um pacote é uma unidade de dados transmitida através de uma rede. É constituído por um cabeçalho que contém informações de controlo, seguido da carga útil que contém os dados reais. Os pacotes são encaminhados e reencaminhados através da rede com base nos endereços de destino.

3. **Endereço IP**: Um endereço IP é um identificador numérico único atribuído a cada dispositivo numa rede. Os endereços IP permitem que os dispositivos comuniquem entre si através de redes interligadas. O IPv4 e o IPv6 são as duas versões principais do Protocolo Internet.

4. **Endereço MAC**: Um endereço MAC (Media Access Control) é um identificador único atribuído a interfaces de rede para comunicação num segmento de rede física. Os endereços MAC são utilizados no nível de ligação de dados do modelo OSI para endereçar e encaminhar pacotes de dados.

5. **Router**: Um router é um dispositivo de rede que encaminha pacotes de dados entre redes diferentes. Os routers utilizam tabelas de encaminhamento para determinar o caminho ideal para a entrega de pacotes com base nos endereços IP de destino.

6. **Comutador**: Um comutador é um dispositivo de rede que liga vários dispositivos numa rede local (LAN). Os switches usam endereços MAC para

encaminhar pacotes de dados apenas para o destinatário pretendido, melhorando a eficiência da rede e a utilização da largura de banda.

7. **Firewall**: Uma firewall é um dispositivo ou software de segurança que monitoriza e controla o tráfego de entrada e saída da rede com base em regras de segurança pré-determinadas. As firewalls protegem as redes contra acesso não autorizado, ataques maliciosos e violações de dados.

8. **Largura de banda**: A largura de banda refere-se à taxa máxima de transferência de dados através de uma ligação de rede, normalmente medida em bits por segundo (bps). Uma maior largura de banda permite uma transmissão de dados mais rápida e suporta mais utilizadores ou aplicações em simultâneo.

9. **Latência**: A latência é o atraso ou o intervalo de tempo entre o início de uma transmissão de dados e a receção da resposta correspondente. A baixa latência é crucial para as aplicações em tempo real, como as comunicações de voz e vídeo.

10. **DNS (Sistema de Nomes de Domínio)**: O DNS é um sistema de nomes hierárquico que traduz nomes de domínio legíveis por humanos em endereços IP. O DNS permite que os utilizadores acedam a sítios Web e serviços utilizando nomes de domínio memoráveis em vez de endereços IP numéricos.

11. **Comutação de pacotes**: A comutação de pacotes é uma técnica de rede em que os dados são divididos em pacotes para transmissão através de uma rede. Os pacotes são encaminhados de forma independente e remontados no seu destino, permitindo uma transmissão de dados eficiente e flexível.

Ao familiarizar-se com estes conceitos e terminologias chave, os leitores podem desenvolver uma base sólida em redes informáticas e comunicar eficazmente no domínio das tecnologias de rede. Quer se trate da configuração de dispositivos de rede, da resolução de problemas de conetividade ou da conceção de arquitecturas escaláveis, uma compreensão profunda destes princípios fundamentais é essencial para o sucesso no domínio das redes.

2. Fundamentos da transmissão de dados

2.1 Técnicas de codificação e modulação de dados

As técnicas de codificação e modulação de dados desempenham um papel crucial na transmissão de informações digitais através de canais de comunicação de forma eficiente e fiável. Esta secção apresenta uma exploração aprofundada dos vários métodos de codificação e modulação utilizados nos sistemas de comunicação modernos.

1. **Codificação digital**: A codificação digital transforma os dados digitais num formato adequado para transmissão através de canais de comunicação analógicos. As técnicas comuns de codificação digital incluem:

   - **Codificação unipolar**: Na codificação unipolar, os dados binários são representados utilizando um único nível de tensão, normalmente uma tensão elevada para um estado binário e uma tensão zero para o outro. Embora simples, a codificação unipolar é suscetível de distorção do sinal e de problemas de desvio de corrente contínua.

   - **Codificação polar**: A codificação polar utiliza níveis de tensão positivos e negativos para representar dados binários, o que resulta numa melhor imunidade ao ruído e integridade do sinal em comparação com a codificação unipolar. Exemplos de esquemas de codificação polar incluem a codificação NRZ (Non-Return-to-Zero) e a codificação Manchester.

   - **Codificação bipolar**: A codificação bipolar combina elementos da codificação polar com transições de sinal adicionais para garantir uma melhor sincronização e equilíbrio DC. Técnicas como a AMI (Alternate Mark Inversion) e a B8ZS (Bipolar with 8-Zero Substitution) são normalmente utilizadas em sistemas de telecomunicações.

   - **Codificação multinível**: As técnicas de codificação multinível codificam vários bits por símbolo, representando os dados usando vários níveis de tensão ou mudanças de fase. Os exemplos incluem PAM (modulação de amplitude de impulsos), QAM (modulação de amplitude em quadratura) e PSK (Phase Shift Keying).

2. **Modulação analógica**: As técnicas de modulação analógica sobrepõem dados digitais a sinais portadores analógicos para transmissão através de canais de comunicação analógicos. As técnicas comuns de modulação analógica incluem:

    - **Modulação de amplitude (AM)**: Em AM, a amplitude do sinal portador varia em proporção à amplitude do sinal modulante. A AM é utilizada na radiodifusão e em sistemas de comunicação simples, mas é suscetível a ruído e interferências.

    - **Modulação de frequência (FM)**: A FM modula a frequência do sinal portador com base na amplitude do sinal de modulação. A FM oferece maior imunidade ao ruído e é amplamente utilizada na transmissão de áudio de alta fidelidade e na comunicação por rádio.

    - **Modulação de fase (PM)**: A PM modula a fase do sinal da portadora de acordo com a amplitude do sinal de modulação. A PM é comummente utilizada nas telecomunicações e na transmissão digital de dados, oferecendo uma utilização eficiente do espetro e robustez contra o ruído.

3. **Modulação digital**: As técnicas de modulação digital convertem dados digitais em sinais digitais adequados para transmissão através de canais de comunicação analógicos. As técnicas comuns de modulação digital incluem:

    - **BPSK (Binary Phase Shift Keying)**: O BPSK modula a fase do sinal da portadora para representar dados binários, com mudanças de fase correspondentes a diferentes estados binários (0 ou 1). O BPSK é simples e robusto, mas tem um débito de dados limitado.

    - **Chaveamento por deslocamento de fase em quadratura (QPSK)**: O QPSK alarga o BPSK ao codificar dois bits por símbolo utilizando quatro desvios de fase. O QPSK oferece taxas de dados e eficiência espetral mais elevadas, tornando-o adequado para sistemas de comunicação digital.

    - **Chaveamento por deslocação de frequência (FSK)**: O FSK modula a frequência do sinal portador para representar dados binários, com mudanças de frequência correspondentes a diferentes estados binários. O FSK é normalmente utilizado em telecomunicações e modems de dados.

Ao compreender os princípios e as características das técnicas de codificação e modulação de dados, os engenheiros e técnicos podem conceber e otimizar os sistemas de comunicação para uma transmissão de dados eficiente e fiável em vários cenários de aplicação. Quer se trate de transmitir voz, vídeo ou dados através de canais com ou sem fios, a seleção de métodos de codificação e modulação adequados é fundamental para obter um desempenho e uma integridade de sinal óptimos.

2.2 Meios de transmissão: Com e sem fios

Os meios de transmissão são as vias físicas através das quais os dados são transmitidos de um dispositivo para outro numa rede. Esta secção apresenta uma panorâmica dos meios de transmissão com e sem fios, destacando as suas características, vantagens e limitações.

1. **Meios de transmissão com fios**:

   - **Cabo de par trançado**: Os cabos de par entrançado são constituídos por pares de fios de cobre isolados, entrançados entre si para reduzir a interferência electromagnética (EMI) e a diafonia. São normalmente utilizados em redes Ethernet para comunicações de curta e média distância.

   - **Cabo coaxial**: Os cabos coaxiais possuem um condutor central rodeado por um isolante dielétrico, uma blindagem e uma bainha exterior. Os cabos coaxiais oferecem uma elevada largura de banda e são utilizados em redes de televisão por cabo (CATV) e ligações à Internet de banda larga.

   - **Cabo de fibra ótica**: Os cabos de fibra ótica transmitem dados utilizando impulsos de luz através de um núcleo feito de fibras de vidro ou de plástico. Os cabos de fibra ótica oferecem uma elevada largura de banda, imunidade a interferências electromagnéticas e capacidades de transmissão a longa distância, o que os torna ideais para redes de backbone de Internet de alta velocidade e telecomunicações.

2. **Meios de transmissão sem fios**:

   - **Ondas de rádio**: As ondas de rádio são ondas electromagnéticas utilizadas para a comunicação sem fios a curtas e longas distâncias. São utilizadas em tecnologias como o Wi-Fi, o Bluetooth e as redes celulares para comunicações móveis.

   - **Micro-ondas**: A transmissão por micro-ondas utiliza ondas de rádio de alta frequência para comunicação ponto-a-ponto em distâncias médias a longas. As ligações por micro-ondas são utilizadas em backhaul sem fios para redes celulares e transmissão de dados a longa distância.

   - **Infravermelhos**: A transmissão por infravermelhos utiliza luz infravermelha para transmitir dados a curtas distâncias. A tecnologia de infravermelhos é comummente encontrada em controlos remotos, teclados sem fios e dispositivos de comunicação de curto alcance.

Cada meio de transmissão oferece vantagens e limitações únicas, dependendo de factores como os requisitos de largura de banda, a distância, o custo e as condições ambientais. Compreender as características dos meios de transmissão com e sem fios é essencial para selecionar a solução mais adequada para uma determinada infraestrutura de rede ou cenário de aplicação.

2.3 Mecanismos de deteção e correção de erros

Os mecanismos de deteção e correção de erros são essenciais para garantir a integridade e a fiabilidade dos dados nos sistemas de comunicação. Esta secção explora várias técnicas utilizadas para detetar e corrigir erros que podem ocorrer durante a transmissão de dados.

1. **Verificação de paridade**: A verificação de paridade envolve a adição de um bit de paridade extra aos dados transmitidos através de uma rede. O bit de paridade é utilizado para detetar erros introduzidos durante a transmissão. A verificação de paridade simples pode detetar erros de um só bit, mas não os pode corrigir.

2. **Checksum**: As somas de controlo são calculadas a partir de blocos de dados utilizando algoritmos matemáticos como o CRC (Cyclic Redundancy Check). O valor do checksum é anexado ao bloco de dados e transmitido juntamente

com ele. Na extremidade recetora, a soma de controlo é recalculada e quaisquer discrepâncias indicam corrupção de dados.

3. **Correção de erros a posteriori (FEC)**: As técnicas FEC acrescentam dados redundantes aos sinais transmitidos, permitindo que os receptores detectem e corrijam os erros sem necessidade de retransmissão. Os códigos Reed-Solomon e os códigos convolucionais são exemplos de técnicas FEC utilizadas em sistemas de comunicação digital.

4. **Requisição de repetição automática (ARQ)**: Os protocolos ARQ envolvem a retransmissão automática de pacotes de dados corrompidos ou perdidos durante a transmissão. Os protocolos ARQ utilizam mecanismos de reconhecimento e retransmissão para garantir uma entrega fiável dos dados.

5. **Códigos de Hamming**: Os códigos de Hamming são um tipo de código de correção de erros que pode detetar e corrigir erros de um só bit e detetar certos tipos de erros de vários bits. Os códigos de Hamming são amplamente utilizados em sistemas de memória de computador e redes de comunicação digital.

Através da utilização de mecanismos de deteção e correção de erros, os sistemas de comunicação podem detetar e atenuar os erros introduzidos durante a transmissão, garantindo a integridade e a fiabilidade dos dados. Estas técnicas são essenciais para manter a qualidade do serviço em ambientes de rede, especialmente em aplicações que exigem elevada fiabilidade e precisão dos dados.

3. Protocolos e normas de rede

3.1 Conjunto de protocolos TCP/IP

O conjunto de protocolos TCP/IP (Transmission Control Protocol/Internet Protocol) é a base da rede moderna, fornecendo uma estrutura padronizada para comunicação em redes interconectadas. Esta secção fornece uma exploração aprofundada do conjunto de protocolos TCP/IP, destacando os seus principais componentes, protocolos e funcionalidades.

1. **Protocolo de Controlo de Transmissão (TCP)**:

    - O TCP é um protocolo orientado para a ligação, responsável por estabelecer uma comunicação fiável e de ponta a ponta entre aplicações executadas em dispositivos através de uma rede.
    - Fornece mecanismos de segmentação de dados em pacotes, deteção de erros, controlo de fluxo, controlo de congestionamento e retransmissão de pacotes perdidos ou corrompidos.
    - O TCP assegura a integridade e a sequenciação dos dados, atribuindo números de sequência aos segmentos transmitidos e confirmando os dados recebidos.
    - Aplicações como a navegação na Web, o correio eletrónico, a transferência de ficheiros e o início de sessão remoto dependem normalmente do TCP para uma transmissão de dados fiável.

2. **Protocolo Internet (IP)**:

    - O IP é um protocolo sem ligação e de melhor esforço responsável pelo endereçamento e encaminhamento de pacotes através de redes interligadas.
    - Fornece endereçamento lógico através de endereços IP, permitindo que os dispositivos se identifiquem uns aos outros e determinem rotas óptimas para a entrega de pacotes.
    - O IP funciona no nível de rede do modelo OSI e é responsável por encapsular os dados em pacotes, determinar o próximo salto para o

encaminhamento de pacotes e tratar da fragmentação e remontagem de pacotes.

- O IPv4 e o IPv6 são as duas versões principais do Protocolo Internet, sendo que o IPv6 resolve as limitações do IPv4 e oferece suporte para um espaço de endereçamento maior.

3. **Protocolo de Mensagens de Controlo da Internet (ICMP)**:

- O ICMP é um protocolo da camada de rede utilizado para fins de diagnóstico e comunicação de erros em redes IP.
- Fornece mecanismos para o envio de mensagens de erro, como "destino inalcançável" e "tempo excedido", para informar os dispositivos das condições da rede ou dos erros encontrados durante a entrega de pacotes.
- O ICMP também é utilizado para testar a conetividade da rede através de ferramentas como o ping e o traceroute, que enviam mensagens de pedido e resposta de eco ICMP para medir os tempos de ida e volta e identificar os caminhos da rede.

4. **Protocolo de datagrama do utilizador (UDP)**:

- O UDP é um protocolo sem ligação e não fiável que fornece um mecanismo simples e leve para a transmissão de datagramas entre dispositivos.
- Ao contrário do TCP, o UDP não estabelece uma ligação antes de transmitir dados e não fornece mecanismos de deteção de erros, controlo de fluxo ou retransmissão.
- O UDP é normalmente utilizado para aplicações em tempo real, como streaming de media, jogos em linha, VoIP (Voice over Internet Protocol) e resolução de DNS (Domain Name System), em que a baixa latência e a reduzida sobrecarga têm prioridade sobre a fiabilidade.

5. **Segurança do Protocolo Internet (IPsec)**:

- O IPsec é um conjunto de protocolos utilizados para proteger as comunicações IP, fornecendo encriptação, autenticação e proteção de integridade para pacotes IP.
- Funciona no nível da rede e pode ser implementado em configurações anfitrião-a-anfitrião, rede-a-rede ou gateway-a-gateway para estabelecer túneis seguros e redes privadas virtuais (VPNs).
- O IPsec melhora a segurança da rede, protegendo os dados sensíveis contra espionagem, adulteração e acesso não autorizado, o que o torna essencial para uma comunicação segura em redes públicas, como a Internet.

O conjunto de protocolos TCP/IP constitui a espinha dorsal das redes modernas, permitindo uma comunicação e interoperabilidade perfeitas entre diversas redes e dispositivos. Ao compreenderem os componentes e as funcionalidades do TCP/IP, os engenheiros e administradores de redes podem conceber, implementar e gerir infra-estruturas de comunicação robustas e escaláveis, adaptadas às necessidades dos ambientes digitais modernos.

3.2 Modelo OSI e arquitecturas em camadas

O modelo OSI (Open Systems Interconnection) é uma estrutura concetual que normaliza as funções dos sistemas de comunicação em camadas distintas. Esta secção explora o modelo OSI e as arquitecturas em camadas, destacando a sua importância nos protocolos de rede e na conceção de sistemas.

1. **Camadas do modelo OSI**:

- **Camada física**: A camada física é responsável pela transmissão de bits de dados brutos sobre o meio físico, definindo características como níveis de tensão, tipos de cabos e técnicas de modulação.
- **Camada de ligação de dados**: A camada de ligação de dados gere a transmissão de quadros de dados entre nós diretamente ligados, assegurando uma comunicação fiável e sem erros através de mecanismos como o enquadramento, a deteção de erros e o controlo do fluxo.

- **Camada de rede**: A camada de rede facilita o encaminhamento de pacotes através de redes interligadas, fornecendo serviços de endereçamento lógico, encaminhamento e reencaminhamento de pacotes para entregar dados da origem ao destino.
- **Camada de transporte**: A camada de transporte estabelece sessões de comunicação ponto a ponto entre aplicações, assegurando a entrega fiável de dados, o controlo do fluxo e a recuperação de erros através de protocolos como o TCP e o UDP.
- **Camada de sessão**: A camada de sessão gere as sessões de comunicação entre aplicações, estabelecendo, mantendo e terminando ligações, bem como sincronizando a troca de dados e gerindo pontos de controlo.
- **Camada de apresentação**: A camada de apresentação trata da formatação, tradução e encriptação dos dados, assegurando a compatibilidade entre diferentes formatos de dados e esquemas de codificação para facilitar a comunicação sem descontinuidades entre sistemas heterogéneos.
- **Camada de aplicação**: A camada de aplicação fornece interfaces para serviços e protocolos ao nível da aplicação, permitindo o acesso do utilizador aos recursos da rede e suportando funções como o correio eletrónico, a transferência de ficheiros e o início de sessão remoto.

2. **Arquitecturas em camadas**:

- As arquitecturas em camadas organizam a funcionalidade da rede em camadas distintas, cada uma responsável por tarefas e interacções específicas. Esta abordagem modular simplifica a conceção, implementação e manutenção do sistema, promovendo a interoperabilidade e a escalabilidade.
- O modelo OSI serve de quadro de referência para arquitecturas em camadas, orientando a conceção e o desenvolvimento de protocolos e sistemas de rede baseados nos princípios da abstração, encapsulamento e hierarquia.

- As arquitecturas em camadas facilitam a conceção e o desenvolvimento modulares, permitindo que as camadas individuais evoluam de forma independente sem afetar as outras camadas. Este facto promove a flexibilidade, a extensibilidade e a inovação nas tecnologias e protocolos de ligação em rede.

3.3 Protocolos e tendências emergentes

O panorama dos protocolos de ligação em rede está em constante evolução para responder aos desafios e oportunidades emergentes na era digital. Esta secção explora alguns dos protocolos e tendências emergentes que estão a moldar o futuro das redes.

1. **Adoção do IPv6**: Com o esgotamento dos endereços IPv4, a adoção do IPv6 está a ganhar ímpeto para acomodar o número crescente de dispositivos ligados e as implementações da IoT (Internet das Coisas). O IPv6 oferece um espaço de endereçamento maior, melhores recursos de segurança e suporte aprimorado para comunicação móvel e sem fio.

2. **Redes definidas por software (SDN)**: A SDN separa as funções de controlo e encaminhamento da rede, permitindo o controlo centralizado e a gestão programável dos recursos da rede. A SDN aumenta a agilidade, a escalabilidade e a automação da rede, facilitando o provisionamento dinâmico, a engenharia de tráfego e a otimização da rede.

3. **Virtualização da função de rede (NFV)**: A NFV virtualiza as funções de rede tradicionalmente implementadas em hardware, como firewalls, balanceadores de carga e roteadores, permitindo que sejam executadas como instâncias baseadas em software na infraestrutura de hardware padrão. A NFV reduz os custos de hardware, acelera a implantação de serviços e aumenta a flexibilidade e a escalabilidade da rede.

4. **Internet das Coisas (IoT)**: As tecnologias IoT ligam milhares de milhões de dispositivos e sensores à Internet, permitindo a recolha, análise e controlo de dados em diversas aplicações e indústrias. Os protocolos IoT, como o MQTT (Message Queuing Telemetry Transport) e o CoAP (Constrained Application Protocol), optimizam a comunicação para dispositivos com recursos limitados e redes de baixo consumo.

5. **5G e mais além**: As redes celulares 5G oferecem maior largura de banda, menor latência e maior capacidade de rede em comparação com as gerações anteriores, desbloqueando novas possibilidades de comunicação móvel, conetividade IoT e computação de ponta. As tecnologias posteriores ao 5G, como a comunicação mmWave e o fatiamento da rede, prometem ainda mais velocidade, fiabilidade e eficiência para as futuras redes sem fios.

Ao adotar protocolos e tendências emergentes, as organizações podem aproveitar o potencial transformador das tecnologias de rede para impulsionar a inovação, melhorar a eficiência e proporcionar experiências de utilizador superiores na era digital.

4. Dispositivos e infra-estruturas de rede

4.1 Routers e Switches

Os routers e os switches são dispositivos de rede fundamentais que desempenham papéis distintos na orientação e gestão do tráfego de dados numa rede. Esta secção apresenta uma visão geral dos routers e switches, destacando as suas funcionalidades e diferenças.

1. **Routers**:

   - Os routers funcionam no nível de rede (nível 3) do modelo OSI e são responsáveis pelo encaminhamento de pacotes de dados entre diferentes redes.
   - Utilizam tabelas e algoritmos de encaminhamento para determinar o caminho ótimo para a entrega de pacotes com base nos endereços IP de destino.
   - Os encaminhadores suportam a comunicação inter-redes, ligando várias redes e facilitando a troca de dados entre elas.
   - Fornecem segmentação de rede, isolamento de tráfego e gestão de endereços IP, melhorando a segurança e o desempenho da rede.
   - Os routers são componentes essenciais das redes de área alargada (WAN) e da espinha dorsal da Internet, permitindo a conetividade global e o intercâmbio de dados.

2. **Interruptores**:

   - Os comutadores funcionam no nível de ligação de dados (nível 2) do modelo OSI e são responsáveis pelo encaminhamento de quadros de dados entre dispositivos da mesma rede.
   - Utilizam endereços MAC para identificar os dispositivos ligados às suas portas e encaminham os pacotes de dados apenas para o destinatário pretendido, melhorando a eficiência da rede e a utilização da largura de banda.

- Os comutadores suportam a comunicação da rede local (LAN), criando caminhos de comunicação dedicados entre dispositivos, conhecidos como circuitos comutados ou virtuais.
- Proporcionam conetividade de alta velocidade e baixa latência para dispositivos numa LAN, o que os torna ideais para aplicações com utilização intensiva de dados, como o streaming de multimédia, a partilha de ficheiros e os jogos online.
- Os comutadores existem em vários tipos, incluindo comutadores não geridos para configurações simples do tipo "plug-and-play", comutadores geridos para gestão avançada da rede e comutadores PoE (Power over Ethernet) para alimentar dispositivos de rede através de cabos Ethernet.

4.2 Firewalls e dispositivos de segurança

As firewalls e os dispositivos de segurança são componentes essenciais da infraestrutura de segurança de rede, protegendo as redes contra acesso não autorizado, ataques maliciosos e violações de dados. Esta secção explora as funcionalidades e a importância das firewalls e dos dispositivos de segurança.

1. **Firewalls**:

- As firewalls são dispositivos ou software de segurança de rede que monitorizam e controlam o tráfego de entrada e saída da rede com base em regras de segurança pré-determinadas.
- Estabelecem uma barreira entre redes internas fiáveis e redes externas não fiáveis, como a Internet, para impedir o acesso não autorizado e proteger dados sensíveis.
- As firewalls inspeccionam os pacotes e aplicam regras, tais como listas de controlo de acesso (ACLs) e inspeção de pacotes com estado (SPI), para filtrar o tráfego e bloquear actividades maliciosas ou suspeitas.
- Suportam vários modelos de implantação de firewall, incluindo firewalls de perímetro, firewalls internas e firewalls baseadas em host, para aplicar políticas de segurança em diferentes camadas e locais da rede.

- As firewalls da próxima geração (NGFWs) integram funcionalidades de segurança avançadas, tais como sistemas de prevenção de intrusões (IPS), reconhecimento de aplicações e inspeção SSL/TLS para combater ameaças e ataques sofisticados.

2. **Aparelhos de segurança**:

- As appliances de segurança são dispositivos especializados de hardware ou software concebidos para fornecer funções ou serviços de segurança específicos numa rede.
- Incluem sistemas de deteção e prevenção de intrusões (IDPS), gateways antivírus e antimalware, gateways Web seguros (SWG) e aparelhos de prevenção da perda de dados (DLP), entre outros.
- As appliances de segurança complementam as firewalls, adicionando camadas de proteção contra diferentes tipos de ameaças, incluindo malware, phishing, ransomware e exfiltração de dados.
- Oferecem gestão centralizada, inteligência contra ameaças em tempo real e capacidades de resposta automatizada para melhorar a postura de segurança e a prontidão de resposta a incidentes.
- As appliances de segurança são componentes essenciais de estratégias abrangentes de cibersegurança, ajudando as organizações a reduzir os riscos, a cumprir os requisitos regulamentares e a proteger os activos e infra-estruturas críticos.

4.3 Virtualização de rede e redes definidas por software (SDN)

A virtualização de rede e a rede definida por software (SDN) são tecnologias transformadoras que revolucionam a infraestrutura e o gerenciamento de rede. Esta secção explora os conceitos e as vantagens da virtualização de redes e da SDN.

1. **Virtualização de rede**:

- A virtualização da rede abstrai os recursos físicos da rede, como switches, routers e firewalls, em entidades virtuais que podem ser dinamicamente atribuídas, geridas e personalizadas para satisfazer requisitos específicos.

- Permite a criação de várias redes lógicas (redes virtuais) sobre uma infraestrutura física partilhada, permitindo a segmentação, o isolamento e a otimização de recursos da rede.
- A virtualização de rede separa os serviços de rede do hardware subjacente, proporcionando flexibilidade, escalabilidade e redução de custos através da gestão e automatização centralizadas.
- Suporta casos de utilização como multi-tenancy, computação em nuvem, recuperação de desastres e encadeamento de funções de rede, permitindo às organizações implementar e gerir arquitecturas de rede complexas de forma eficiente.

2. **Redes definidas por software (SDN)**:
    - As SDN dissociam as funções de controlo e encaminhamento da rede, centralizando o controlo em controladores baseados em software e separando o plano de dados do plano de controlo.
    - Permite a gestão programável e orientada por políticas dos recursos da rede através de

5. Conceção e otimização de redes

5.1 Conceção da topologia da rede

O projeto da topologia de rede envolve a determinação do layout físico ou lógico dos dispositivos interconectados e dos links de comunicação dentro de uma rede. Esta secção explora várias topologias de rede e considerações para a conceção de arquitecturas de rede escaláveis, resilientes e eficientes.

1. **Topologia em estrela**:
   - Numa topologia em estrela, todos os dispositivos de rede estão ligados a um hub ou switch central. A comunicação entre os dispositivos passa pelo hub central, simplificando a gestão da rede e a resolução de problemas.
   - As topologias em estrela são fáceis de configurar, escaláveis e oferecem elevada fiabilidade, uma vez que a falha de um dispositivo não afecta o resto da rede. No entanto, podem ser propensas a um ponto único de falha se o hub central falhar.
2. **Topologia de malha**:
   - As topologias em malha estabelecem ligações directas entre cada par de dispositivos de rede, criando caminhos redundantes para a transmissão de dados. Esta redundância melhora a tolerância a falhas e garante uma elevada disponibilidade.
   - As topologias em malha oferecem robustez e resistência contra falhas nas ligações, uma vez que os dados podem ser reencaminhados através de caminhos alternativos. No entanto, requerem mais cablagem e configuração, tornando a sua implementação complexa e dispendiosa.
3. **Topologia em anel**:
   - Numa topologia em anel, cada dispositivo de rede está ligado a exatamente dois dispositivos vizinhos, formando um circuito fechado. Os dados circulam pelo anel numa só direção, com cada dispositivo a regenerar e a reencaminhar o sinal.

- As topologias em anel são simples e fáceis de configurar, com desempenho previsível e distribuição uniforme do tráfego. No entanto, são vulneráveis a um ponto único de falha se algum dispositivo ou ligação no anel falhar, interrompendo a comunicação da rede.

4. **Topologia de barramento**:

   - Numa topologia de bus, todos os dispositivos de rede estão ligados a um meio de comunicação comum, como um cabo coaxial ou um bus Ethernet. Os dados são transmitidos a todos os dispositivos no barramento e cada dispositivo filtra os pacotes destinados a si próprio.
   - As topologias de barramento são simples, económicas e adequadas para pequenas redes com pouco tráfego. No entanto, são propensas a colisões, escalabilidade limitada e ponto único de falha se a linha de comunicação principal for interrompida.

5. **Topologia híbrida**:

   - As topologias híbridas combinam elementos de diferentes topologias, como estrela, malha, anel ou barramento, para satisfazer requisitos específicos e otimizar o desempenho da rede. Por exemplo, uma rede pode apresentar uma topologia em estrela na camada de acesso, uma topologia em malha na camada de distribuição e uma topologia em anel na camada central.

Ao conceber as topologias de rede, devem ser tidas em conta considerações como a escalabilidade, a tolerância a falhas, o desempenho, o custo e os requisitos organizacionais, de modo a garantir que a topologia escolhida se alinha com as metas e os objectivos da infraestrutura de rede.

5.2 Qualidade de serviço (QoS) e gestão do tráfego

A Qualidade de Serviço (QoS) e as técnicas de gestão de tráfego são essenciais para otimizar o desempenho da rede, garantir a entrega fiável de dados e dar prioridade às aplicações críticas em relação ao tráfego menos sensível ao tempo. Esta secção explora os princípios de QoS e as estratégias de gestão de tráfego.

1. **Mecanismos de QoS**:

- Os mecanismos de QoS dão prioridade ao tráfego de rede com base em critérios predefinidos, como o tipo de aplicação, a identidade do utilizador ou os atributos do pacote, para cumprir acordos de nível de serviço (SLA) e requisitos de desempenho específicos.
- Os mecanismos de QoS incluem:
  - Classificação e marcação do tráfego: Identificação e categorização do tráfego de rede em diferentes classes ou níveis de prioridade com base em requisitos de aplicação ou políticas de serviço.
  - Modelação e policiamento do tráfego: Limitar ou controlar a taxa do fluxo de tráfego para evitar congestionamentos, regular a utilização da largura de banda e aplicar políticas de tráfego.
  - Evitar e gerir o congestionamento: Monitorização dos níveis de congestionamento da rede e implementação de mecanismos, como algoritmos de controlo de congestionamento TCP ou disciplinas de enfileiramento, para atenuar o congestionamento e manter um desempenho ótimo.
  - Priorização e programação de pacotes: Dar tratamento preferencial a pacotes ou classes de tráfego de alta prioridade, programando-os para transmissão antes do tráfego de menor prioridade, garantindo a entrega atempada de dados críticos.
  - Controlo de admissão e reserva de recursos: Atribuição antecipada de recursos de rede, como largura de banda ou espaço de memória intermédia, a aplicações ou fluxos de tráfego específicos, para garantir capacidade suficiente e evitar sobrecargas.

2. **Estratégias de gestão do tráfego**:

- As estratégias de gestão do tráfego têm como objetivo otimizar a utilização dos recursos da rede, minimizar a latência e dar prioridade às aplicações de missão crítica, ao mesmo tempo que gerem eficazmente as cargas de tráfego flutuantes.

- As estratégias comuns de gestão do tráfego incluem:
  - Balanceamento de carga: Distribuição do tráfego de rede por vários caminhos ou dispositivos para distribuir uniformemente a carga, maximizar a utilização de recursos e melhorar a escalabilidade e a tolerância a falhas.
  - Engenharia de tráfego: Otimização do encaminhamento da rede e da distribuição do tráfego para minimizar o congestionamento, reduzir a latência e cumprir os objectivos de desempenho, como a minimização da perda de pacotes ou a maximização do débito.
  - Atribuição dinâmica de largura de banda: Ajustar a atribuição de largura de banda dinamicamente em resposta à alteração dos padrões de tráfego ou às flutuações da procura para garantir a utilização eficiente dos recursos e a capacidade de resposta às necessidades das aplicações.
  - Roteamento com reconhecimento de aplicativos: Encaminhamento do tráfego com base nos requisitos da aplicação, métricas de desempenho ou políticas definidas pelo utilizador para otimizar o desempenho da aplicação, garantir a QoS e dar prioridade às aplicações críticas em relação ao tráfego não crítico.

A implementação de estratégias eficazes de QoS e de gestão do tráfego exige uma compreensão holística dos padrões de tráfego da rede e dos requisitos das aplicações,

6. Redes sem fios e móveis

6.1 Tecnologias WLAN: Normas 802.11

As tecnologias de rede local sem fios (WLAN), baseadas nas normas IEEE 802.11, fornecem conetividade sem fios a dispositivos numa área limitada, como casas, escritórios e espaços públicos. Esta secção explora as normas 802.11 e as suas características.

1. **802.11a**:
   - Introduzido em 1999, o 802.11a funciona na banda de frequência de 5 GHz e suporta débitos de dados até 54 Mbps.
   - Utiliza a modulação de multiplexagem ortogonal por divisão de frequência (OFDM) para ser robusto contra interferências e propagação multipercurso.
   - O 802.11a oferece maior débito e menor suscetibilidade a interferências em comparação com o 802.11b, mas tem um alcance mais curto devido à frequência mais elevada.
2. **802.11b**:
   - Lançado em 1999, o 802.11b funciona na banda de frequência de 2,4 GHz e suporta débitos de dados até 11 Mbps.
   - Utiliza a modulação de espetro alargado de sequência direta (DSSS) e a codificação complementar (CCK) para a transmissão de dados.
   - O 802.11b oferece um maior alcance, mas um rendimento inferior ao do 802.11a, e é suscetível a interferências de outros dispositivos que operam na mesma banda de frequência.
3. **802.11g**:
   - Introduzido em 2003, o 802.11g funciona na banda de frequência de 2,4 GHz e suporta débitos de dados até 54 Mbps.
   - Combina a modulação OFDM do 802.11a com a compatibilidade com versões anteriores e o alcance do 802.11b.

- O 802.11g oferece maior débito e compatibilidade com dispositivos antigos em comparação com o 802.11b, tornando-o amplamente adotado para redes domésticas e de pequenos escritórios.

4. **802.11n**:

   - Lançado em 2009, o 802.11n funciona nas bandas de frequência de 2,4 GHz e 5 GHz e suporta velocidades de dados até 600 Mbps.
   - Introduz a tecnologia MIMO (multiple-input multiple-output), a multiplexagem espacial e a ligação de canais para melhorar o alcance, o rendimento e a fiabilidade.
   - O 802.11n oferece maior cobertura, taxas de dados mais elevadas e melhor desempenho em ambientes congestionados em comparação com as normas anteriores.

5. **802.11ac**:

   - Introduzido em 2013, o 802.11ac funciona exclusivamente na banda de frequência de 5 GHz e suporta velocidades de dados até vários gigabits por segundo.
   - Melhora a tecnologia MIMO, introduz larguras de banda de canal mais alargadas (até 160 MHz) e implementa a formação de feixes para uma melhor cobertura e eficiência.
   - O 802.11ac proporciona um débito e uma capacidade significativamente superiores, tornando-o adequado para implementações de alta densidade e transmissão de multimédia.

6. **802.11ax (Wi-Fi 6)**:

   - Lançado em 2019, o 802.11ax (Wi-Fi 6) funciona nas bandas de frequência de 2,4 GHz e 5 GHz e suporta velocidades de dados superiores a 10 Gbps.
   - Introduz funcionalidades avançadas, como o acesso múltiplo por divisão ortogonal de frequências (OFDMA), o tempo de despertar pretendido (TWT) e o MIMO multiutilizador (MU-MIMO) de ligação

ascendente e descendente para maior eficiência, capacidade e desempenho.

- O Wi-Fi 6 melhora a eficiência da rede e a experiência do utilizador em ambientes densos com inúmeros dispositivos ligados, tornando-o ideal para casas inteligentes, escritórios e hotspots públicos.

6.2 Redes celulares: 3G, 4G e mais além

As redes celulares fornecem serviços de comunicação sem fios a dispositivos móveis, permitindo chamadas de voz, mensagens e acesso à Internet. Esta secção explora a evolução das redes celulares de 3G para 4G e mais além.

1. **3G (Terceira Geração)**:
   - As redes 3G, introduzidas no início dos anos 2000, oferecem velocidades de dados e capacidades multimédia mais elevadas do que as gerações anteriores.
   - Suportam débitos de dados até vários megabits por segundo, permitindo serviços como as videochamadas, a Internet móvel e a televisão móvel.
   - As tecnologias 3G incluem UMTS (Universal Mobile Telecommunications System), CDMA2000 e HSPA (High-Speed Packet Access).
2. **4G (Quarta Geração)**:
   - As redes 4G, implantadas a partir do final da década de 2000, oferecem velocidades de dados ainda mais elevadas, menor latência e melhor eficiência espetral em comparação com a 3G.
   - Suportam débitos de dados até várias dezenas de megabits por segundo, permitindo aplicações com utilização intensiva de largura de banda, como o streaming de vídeo HD, os jogos em linha e a computação em nuvem.
   - As tecnologias 4G incluem LTE (Long-Term Evolution) e WiMAX (Worldwide Interoperability for Microwave Access).
3. **5G (Quinta Geração)**:

- As redes 5G, introduzidas na década de 2010, representam a próxima evolução da tecnologia celular, prometendo velocidades de dados significativamente mais elevadas, latência ultra-baixa e conetividade maciça.
- Suportam débitos de dados até vários gigabits por segundo, permitindo aplicações revolucionárias como a realidade aumentada, a realidade virtual, os veículos autónomos e a IoT.
- As tecnologias 5G incluem a Nova Rádio (NR) e tecnologias avançadas de antena, como a MIMO maciça e a formação de feixes.

6.3 IP móvel e serviços baseados na localização

O IP móvel e os serviços baseados na localização (LBS) permitem que os dispositivos móveis mantenham a conetividade e acedam a informações e serviços específicos da localização enquanto se deslocam entre diferentes redes ou localizações. Esta secção explora as tecnologias IP móvel e LBS.

1. **IP móvel**:

   - O IP móvel é um protocolo que permite que os dispositivos móveis mantenham uma conetividade contínua e se desloquem de forma transparente entre diferentes redes IP sem perder as sessões de comunicação em curso.
   - Permite que os dispositivos móveis conservem os seus endereços IP e mantenham ligações contínuas enquanto se deslocam entre redes domésticas e estrangeiras, utilizando mecanismos como o tunelamento IP e o registo do agente doméstico.
   - O IP móvel facilita as transferências e o roaming sem descontinuidades para os utilizadores móveis, permitindo o acesso ininterrupto a serviços de Internet, chamadas de voz e outras aplicações em movimento.

2. **Serviços baseados na localização (LBS)**:

   - Os serviços baseados na localização utilizam informações de localização de dispositivos móveis, tais como coordenadas GPS ou triangulação de torres de telemóveis, para fornecer informações e serviços personalizados e contextualizados aos utilizadores com base na sua localização atual.

- As aplicações LBS incluem cartografia e navegação, pesquisa de empresas locais, publicidade baseada na localização, marcação geográfica de fotografias e publicações nas redes sociais e jogos baseados na localização.
- As tecnologias LBS permitem que as empresas realizem campanhas de marketing direccionadas, optimizem a logística e o transporte, melhorem a resposta a emergências e a segurança pública e melhorem as experiências dos utilizadores através de aplicações e serviços sensíveis à localização.

O IP móvel e os serviços baseados na localização melhoram a mobilidade e a utilidade dos dispositivos móveis, permitindo que os utilizadores se mantenham ligados, acedam a informações relevantes e interajam com o que os rodeia de forma dinâmica e personalizada. medida que as tecnologias celulares e sem fios continuam a evoluir, o IP móvel e os LBS desempenharão um papel cada vez mais importante na definição do futuro das comunicações e da computação móveis.

7. Segurança das redes e gestão das ameaças

7.1 Criptografia e técnicas de encriptação

A criptografia e as técnicas de cifragem são fundamentais para garantir a segurança das informações e comunicações sensíveis em ambientes digitais. Esta secção explora vários conceitos de criptografia e técnicas de cifragem utilizados para proteger a confidencialidade, a integridade e a autenticidade dos dados.

1. **Noções básicas de criptografia**:
   - A criptografia é a ciência da comunicação segura e da proteção de dados através da utilização de algoritmos e protocolos matemáticos.
   - Envolve técnicas de encriptação de dados de texto simples em texto cifrado utilizando chaves de encriptação e de desencriptação de texto cifrado em texto simples utilizando chaves de desencriptação.
   - Os algoritmos criptográficos são classificados em encriptação de chave simétrica (ou de chave secreta) e encriptação de chave assimétrica (ou de chave pública).
2. **Encriptação de chave simétrica**:
   - A encriptação de chave simétrica utiliza a mesma chave secreta para os processos de encriptação e desencriptação.
   - Os algoritmos comuns de encriptação de chave simétrica incluem o AES (Advanced Encryption Standard), o DES (Data Encryption Standard) e o 3DES (Triple DES).
   - A encriptação simétrica é rápida e eficiente, mas requer canais de distribuição de chaves seguros para impedir o acesso não autorizado à chave.
3. **Encriptação de chave assimétrica**:
   - A encriptação de chave assimétrica utiliza um par de chaves públicas e privadas para encriptação e desencriptação.

- A chave pública é distribuída livremente e utilizada para a encriptação, enquanto a chave privada é mantida em segredo e utilizada para a desencriptação.
- Os algoritmos populares de encriptação de chave assimétrica incluem o RSA (Rivest-Shamir-Adleman), o ECC (Elliptic Curve Cryptography) e o DSA (Digital Signature Algorithm).

4. **Funções de hash**:

- As funções de hash geram valores de hash únicos e de tamanho fixo (digests) a partir de dados de entrada de tamanho variável.
- As funções de hash são utilizadas para verificação da integridade dos dados, assinaturas digitais e hashing de palavras-passe.
- As funções de hash comuns incluem SHA-256 (Secure Hash Algorithm 256-bit) e MD5 (Message Digest Algorithm 5).

5. **Técnicas de encriptação**:

- As técnicas de encriptação incluem cifras de bloco, cifras de fluxo e modos de funcionamento criptográfico, como ECB (Electronic Codebook), CBC (Cipher Block Chaining) e GCM (Galois/Counter Mode).
- A encriptação pode ser aplicada a diferentes níveis, incluindo encriptação de disco, encriptação de ficheiros, encriptação de rede (SSL/TLS) e encriptação ao nível da aplicação.

A criptografia e as técnicas de encriptação fornecem blocos de construção essenciais para proteger informações e comunicações sensíveis em vários ambientes digitais, incluindo redes, sistemas e aplicações. Ao implementar soluções criptográficas robustas, as organizações podem proteger os seus activos de dados contra o acesso não autorizado, a interceção e a adulteração.

7.2 Sistemas de deteção e prevenção de intrusões (IDPS)

Os sistemas de deteção e prevenção de intrusões (IDPS) são soluções de segurança concebidas para detetar e responder a tentativas de acesso não autorizado, actividades maliciosas e ameaças à segurança numa rede ou sistema. Esta secção explora as funcionalidades e a importância dos IDPS na cibersegurança.

1. **Sistemas de deteção de intrusão (IDS)**:

    - Os Sistemas de Deteção de Intrusão monitorizam o tráfego de rede, os registos do sistema e os eventos de segurança para identificar comportamentos suspeitos, padrões de ataque conhecidos e anomalias que possam indicar uma violação de segurança.

    - Os IDS utilizam várias técnicas de deteção, incluindo a deteção baseada em assinaturas, a deteção baseada em anomalias e a deteção baseada no comportamento, para analisar as actividades da rede e do sistema e gerar alertas para investigação posterior.

2. **Sistemas de prevenção de intrusões (IPS)**:

    - Os sistemas de prevenção de intrusões vão além da deteção e bloqueiam ou atenuam ativamente as ameaças identificadas e as actividades maliciosas para evitar que comprometam a segurança da rede ou do sistema.

    - O IPS pode aplicar automaticamente políticas de controlo de acesso, bloquear tráfego malicioso e aplicar regras de segurança para proteger contra vulnerabilidades conhecidas e vectores de ataque.

3. **Principais características do IDPS**:

    - Monitorização e análise em tempo real do tráfego de rede, registos do sistema e eventos de segurança.

    - Deteção e identificação de ameaças conhecidas, assinaturas de ataques e comportamentos anormais.

    - Mecanismos de alerta e notificação para incidentes de segurança e potenciais violações.

    - Acções automatizadas de resposta e atenuação para bloquear ou conter as ameaças identificadas.

- Integração com outros controlos de segurança, como firewalls, software antivírus e sistemas de gestão de eventos e informações de segurança (SIEM).

4. **Considerações sobre a implantação**:

   - O IDPS pode ser implementado como dispositivos de hardware, aplicações de software, dispositivos virtuais ou serviços baseados na nuvem, dependendo dos requisitos organizacionais e da infraestrutura.
   - Colocação de sensores IDPS e sensores em toda a rede, incluindo no perímetro da rede, segmentos internos e activos críticos, para proporcionar uma cobertura e visibilidade abrangentes.
   - Ajustamento e personalização de regras de deteção, limites e políticas para reduzir falsos positivos, otimizar o desempenho e alinhar com os objectivos de segurança.

Os sistemas de deteção e prevenção de intrusões desempenham um papel fundamental na deteção, atenuação e resposta a ameaças e ataques à segurança, ajudando as organizações a proteger as suas redes, sistemas e activos de dados contra o acesso não autorizado, a exploração e o comprometimento.

8. Redes em nuvem e sistemas distribuídos

8.1 Fundamentos da computação em nuvem

A computação em nuvem refere-se à prestação de serviços de computação, incluindo servidores, armazenamento, bases de dados, redes, software e análises, através da Internet. Esta secção explora os fundamentos da computação em nuvem e as suas principais características.

1. **Modelos de serviços**:

   - Infraestrutura como um serviço (IaaS): Fornece recursos de computação virtualizados, como máquinas virtuais, armazenamento e rede, a pedido através da Internet.
   - Plataforma como um serviço (PaaS): Oferece uma plataforma com ferramentas de desenvolvimento, middleware e ambientes de tempo de execução para criar, implementar e gerir aplicações sem a complexidade da gestão de infra-estruturas.
   - Software como um serviço (SaaS): Fornece aplicações de software através da Internet com base numa subscrição, eliminando a necessidade de instalação, manutenção e gestão por parte do utilizador final.

2. **Modelos de implantação**:

   - Nuvem pública: Os serviços de nuvem são fornecidos e geridos por fornecedores de serviços de nuvem terceiros, acessíveis a vários inquilinos através da Internet.
   - Nuvem privada: A infraestrutura de nuvem é dedicada a uma única organização, alojada no local ou por um fornecedor externo, oferecendo maior segurança, controlo e personalização.
   - Nuvem híbrida: Integra ambientes de nuvem pública e privada, permitindo a partilha de dados e aplicações entre eles, mantendo identidades e políticas de gestão distintas.

- Múltiplas nuvens: Envolve o uso de vários provedores de serviços de nuvem para diferentes cargas de trabalho ou aplicativos, aproveitando os pontos fortes e as capacidades de cada provedor.

3. **Características principais**:

- Autosserviço a pedido: Os utilizadores podem fornecer recursos e serviços informáticos automaticamente, sem necessidade de intervenção humana por parte do fornecedor de serviços de computação em nuvem.
- Acesso alargado à rede: Os serviços em nuvem são acessíveis através da Internet a partir de uma variedade de dispositivos e plataformas, permitindo o acesso e a conetividade omnipresentes.
- Pooling de recursos: Os recursos informáticos são agrupados e atribuídos dinamicamente a vários utilizadores ou inquilinos com base na procura, optimizando a utilização e a escalabilidade dos recursos.
- Elasticidade rápida: Os recursos da nuvem podem ser rapidamente aumentados ou reduzidos para acomodar as demandas de carga de trabalho em constante mudança, garantindo flexibilidade e agilidade no provisionamento de recursos.
- Serviço medido: A utilização da nuvem é medida e facturada com base no consumo, permitindo que os utilizadores paguem apenas pelos recursos e serviços que utilizam, muitas vezes num modelo de pagamento conforme o uso ou de subscrição.

A computação em nuvem oferece inúmeras vantagens, incluindo poupança de custos, escalabilidade, flexibilidade e inovação, tornando-a uma escolha cada vez mais popular para organizações de todas as dimensões e sectores.

8.2 Tecnologias de virtualização

A virtualização é uma tecnologia fundamental na computação em nuvem que permite a criação de instâncias virtuais de recursos de computação, como servidores, armazenamento e redes, para otimizar a utilização de recursos e melhorar a eficiência de TI. Esta secção explora as tecnologias de virtualização e os seus benefícios.

1. **Virtualização de servidores**:
   - A virtualização de servidores abstrai os servidores físicos em máquinas virtuais (VMs) executadas numa camada de hipervisor, que particiona e gere recursos físicos para várias VMs.
   - Os hipervisores, como o VMware vSphere, o Microsoft Hyper-V e o KVM (Kernel-based Virtual Machine), fornecem capacidades de virtualização, incluindo aprovisionamento, gestão e migração de VM.
   - A virtualização de servidores melhora a consolidação de servidores, a utilização de recursos e a flexibilidade, permitindo a atribuição dinâmica e o escalonamento de recursos informáticos para satisfazer as exigências de cargas de trabalho em constante mudança.
2. **Virtualização do armazenamento**:
   - A virtualização do armazenamento abstrai os recursos de armazenamento físico em conjuntos lógicos de armazenamento, que podem ser atribuídos e geridos dinamicamente de acordo com os requisitos da aplicação.
   - As tecnologias de virtualização de armazenamento, como as redes de área de armazenamento (SANs), o armazenamento ligado à rede (NAS) e o armazenamento definido por software (SDS), separam o hardware de armazenamento da gestão de dados e fornecem aprovisionamento e gestão de armazenamento centralizados.
3. **Virtualização de rede**:
   - A virtualização de rede abstrai os recursos de rede física, como switches, routers e firewalls, em redes virtuais que funcionam independentemente da infraestrutura de hardware subjacente.
   - As tecnologias de virtualização de rede, como LANs virtuais (VLANs), redes privadas virtuais (VPNs) e redes definidas por software (SDN), permitem uma segmentação flexível da rede, isolamento e aplicação de políticas.

As tecnologias de virtualização oferecem várias vantagens, incluindo uma melhor utilização dos recursos, escalabilidade, agilidade e poupança de custos, tornando-as componentes essenciais da infraestrutura de TI moderna e dos ambientes de computação em nuvem.

8.3 Sistemas distribuídos e escalabilidade

Os sistemas distribuídos são colecções de computadores interligados que trabalham em conjunto para atingir um objetivo comum, partilhando recursos e coordenando as suas acções através de redes de comunicação. Esta secção explora os sistemas distribuídos e as considerações de escalabilidade na computação em nuvem.

1. **Arquitecturas de sistemas distribuídos**:
   - Arquitetura cliente-servidor: Envolve clientes que solicitam serviços ou recursos a servidores centralizados, facilitando a partilha de recursos e o controlo de acesso.
   - Arquitetura ponto-a-ponto: Utiliza uma rede descentralizada de nós de pares que colaboram para executar tarefas, partilhar recursos e distribuir dados sem depender de servidores centralizados.
2. **Escalabilidade em sistemas distribuídos**:
   - Escalabilidade horizontal: Envolve a adição de mais nós ou instâncias a um sistema distribuído para lidar com o aumento da demanda de carga de trabalho, normalmente obtida por meio de balanceamento de carga, fragmentação e replicação.
   - Escalabilidade vertical: Envolve o aumento dos recursos (por exemplo, CPU, memória, armazenamento) de nós individuais num sistema distribuído para lidar com cargas de trabalho maiores, muitas vezes limitadas por restrições de hardware e considerações de custo.
   - Elasticidade: Refere-se à capacidade de um sistema distribuído para aumentar ou diminuir dinamicamente os recursos em resposta à alteração das exigências da carga de trabalho, garantindo um desempenho ótimo e uma boa relação custo-eficácia.
3. **Desafios e considerações**:

- Consistência e disponibilidade: Os sistemas distribuídos têm de equilibrar os compromissos entre a consistência e a disponibilidade dos dados, adoptando frequentemente modelos de consistência eventual e protocolos de consenso distribuídos, como o Paxos e o Raft.

- Tolerância a falhas e resiliência: Os sistemas distribuídos devem ser resistentes a falhas, erros e partições de rede, empregando redundância, replicação e mecanismos tolerantes a falhas para garantir o funcionamento contínuo e a integridade dos dados.

- Latência e sobrecarga de comunicação: Os sistemas distribuídos enfrentam desafios relacionados com a latência da rede, a sobrecarga de comunicação e os atrasos de sincronização, exigindo protocolos eficientes, estratégias de armazenamento em cache e optimizações da localidade dos dados.

Tirando partido dos sistemas distribuídos e das técnicas de escalabilidade, os ambientes de computação em nuvem podem acomodar cargas de trabalho crescentes, garantir uma elevada disponibilidade e fiabilidade e fornecer serviços reactivos e eficientes a utilizadores e aplicações em ambientes de computação diversificados e dinâmicos.

9. Direcções futuras em matéria de redes

9.1 Internet das coisas (IoT) e computação periférica

A Internet das Coisas (IoT) e a computação periférica são tecnologias transformadoras que permitem a ligação, a comunicação e o processamento de dados de uma multiplicidade de dispositivos e sensores na periferia da rede. Esta secção explora os conceitos e as implicações da IoT e da computação periférica.

1. **Internet das Coisas (IoT)**:

   - A IoT refere-se à rede de dispositivos interligados com sensores, actuadores e tecnologias de comunicação que lhes permitem recolher, trocar e agir sobre os dados.
   - Os dispositivos IoT abrangem vários domínios, incluindo a eletrónica de consumo, a automação industrial, os cuidados de saúde, os transportes e as cidades inteligentes, facilitando a automação, a monitorização e a otimização de processos e ambientes.
   - Os principais componentes dos ecossistemas IoT incluem nós sensores, protocolos de comunicação (por exemplo, Wi-Fi, Bluetooth, Zigbee), gateways, plataformas de nuvem e aplicações para análise de dados e tomada de decisões.

2. **Computação de ponta**:

   - A computação de ponta aproxima os recursos de computação da fonte de dados ou dos utilizadores finais, reduzindo a latência, a utilização da largura de banda e a dependência da infraestrutura de nuvem centralizada.
   - Os dispositivos de extremo, como routers, switches, gateways e servidores de extremo, processam e analisam os dados localmente, permitindo a tomada de decisões em tempo real, a colocação em cache local e a filtragem de dados.
   - As arquitecturas de computação periférica distribuem as tarefas de computação por vários níveis, desde a nuvem até à periferia, com base

em factores como a sensibilidade dos dados, os requisitos de processamento e as condições da rede.

3. **Integração da IoT e da computação periférica**:

- A computação de borda complementa as implantações de IoT fornecendo recursos de processamento e análise localizados, reduzindo os requisitos de latência e largura de banda para aplicativos de IoT.
- Os nós de borda podem pré-processar dados, filtrar informações irrelevantes e executar tarefas sensíveis ao tempo, enviando apenas os dados relevantes para a nuvem para análise ou armazenamento posterior.
- A computação periférica melhora a privacidade, a segurança e a fiabilidade, minimizando a exposição dos dados, garantindo a soberania dos dados e reduzindo a dependência de serviços de nuvem centralizados.

A integração da IoT e das tecnologias de computação periférica permite o desenvolvimento de sistemas inteligentes, reactivos e escaláveis para várias aplicações, incluindo casas inteligentes, automação industrial, monitorização dos cuidados de saúde e deteção ambiental.

9.2 Blockchain e redes descentralizadas

As tecnologias de cadeia de blocos e de redes descentralizadas revolucionam os sistemas centralizados tradicionais, permitindo transacções ponto a ponto, mecanismos de consenso e registos imutáveis. Esta secção explora os princípios e aplicações da cadeia de blocos e das redes descentralizadas.

1. **Tecnologia Blockchain**:

- A cadeia de blocos é uma tecnologia de livro-razão distribuído que regista transacções e dados de forma transparente e inviolável em vários nós de uma rede.
- Cada bloco da cadeia de blocos contém um hash criptográfico do bloco anterior, criando uma cadeia de blocos ligados que não pode ser alterada sem o consenso dos participantes na rede.

- As redes de cadeias de blocos utilizam mecanismos de consenso, como a prova de trabalho (PoW), a prova de participação (PoS) ou a prova de participação delegada (DPoS), para validar e autenticar transacções e manter a integridade da rede.
- As aplicações da cadeia de blocos incluem a criptomoeda (por exemplo, Bitcoin, Ethereum), contratos inteligentes, gestão da cadeia de abastecimento, verificação da identidade e finanças descentralizadas (DeFi).

2. **Redes descentralizadas**:

- As arquitecturas de rede descentralizadas distribuem o controlo e a autoridade de tomada de decisões por vários nós ou pares numa rede, eliminando pontos únicos de falha e reduzindo a dependência de autoridades centralizadas.
- As redes peer-to-peer (P2P) permitem a comunicação direta e a troca de dados entre nós individuais sem intermediários, promovendo a resiliência, a escalabilidade e a resistência à censura.
- Os protocolos de rede descentralizados, como o BitTorrent para partilha de ficheiros, o IPFS (InterPlanetary File System) para armazenamento distribuído e o Tor para comunicação anónima, promovem a privacidade, o anonimato e a soberania dos dados.

3. **Integração de blockchain e redes descentralizadas**:

- A Blockchain pode ser integrada com tecnologias de rede descentralizadas para criar sistemas sem confiança, transparentes e resilientes para troca de dados, autenticação e colaboração.
- As aplicações descentralizadas baseadas em Blockchain (DApps) utilizam contratos inteligentes e registos distribuídos para automatizar processos, aplicar regras comerciais e garantir a integridade e a auditabilidade dos dados.
- As plataformas de identidade descentralizadas utilizam a cadeia de blocos para uma gestão de identidade segura e verificável, permitindo

aos utilizadores manter o controlo sobre as suas informações pessoais e identidades digitais.

As tecnologias Blockchain e de redes descentralizadas permitem que indivíduos e organizações interajam, façam transações e colaborem de forma descentralizada e sem confiança, abrindo novas possibilidades de inovação, governação e capacitação económica.

9.3 Redes quânticas e comunicação segura em pormenor

As redes quânticas e as comunicações seguras tiram partido dos princípios da mecânica quântica para permitir a transmissão segura de informações a longas distâncias, resistentes à espionagem e à interceção. Esta secção explora as redes quânticas e as suas implicações para a comunicação segura.

1. **Redes Quânticas**:
   - As redes quânticas têm por objetivo ligar computadores e dispositivos quânticos a longas distâncias para permitir a computação quântica distribuída e a comunicação quântica segura.
   - As redes quânticas baseiam-se no emaranhamento quântico e na sobreposição quântica para transmitir e manipular informação quântica (qubits) entre nós distantes.
   - Os principais componentes das redes quânticas incluem repetidores quânticos, memórias quânticas, protocolos de teletransporte quântico e sistemas de distribuição de chaves quânticas (QKD).
2. **Distribuição de chaves quânticas (QKD)**:
   - A QKD permite a distribuição segura de chaves criptográficas entre partes distantes, explorando os princípios da mecânica quântica, como o princípio da incerteza de Heisenberg e o teorema da não clonagem.
   - Os protocolos QKD, como o BB84 (Bennett-Brassard 1984) e o E91 (Ekert 1991), utilizam propriedades quânticas, como a polarização ou a codificação de fase dos fotões, para gerar e trocar chaves criptográficas aleatórias e não falsificáveis.

- A QKD fornece garantias de segurança incondicionais baseadas nas leis da física, oferecendo proteção contra adversários clássicos e quânticos que tentem intercetar ou adulterar o processo de troca de chaves.

3. **Desafios e direcções futuras**:

- A implementação prática de redes quânticas e sistemas QKD enfrenta desafios relacionados com a decoerência dos qubits, a perda de transmissão, o ruído e a escalabilidade.
- A investigação em curso centra-se no desenvolvimento de hardware quântico robusto, de técnicas de correção de erros quânticos e de protocolos de repetição quântica para ultrapassar estes desafios e permitir redes de comunicação quântica em grande escala.
- A criptografia quântica segura e os algoritmos criptográficos pós-quânticos estão a ser desenvolvidos para garantir a segurança dos sistemas de comunicação clássicos e dos protocolos de cifragem contra ataques quânticos na futura era da computação quântica.

As redes quânticas e a comunicação segura prometem revolucionar a criptografia, a cibersegurança e a tecnologia da informação, proporcionando níveis de segurança e privacidade sem precedentes para a comunicação e o intercâmbio de dados na era quântica. À medida que os esforços de investigação e desenvolvimento avançam, as tecnologias de redes quânticas desempenharão um papel cada vez mais importante na definição do futuro da comunicação segura e da infraestrutura digital.

Referências

1. Smith, J. D., & Johnson, A. (2019). Introdução à computação em nuvem: Concepts, Architecture, and Applications. Wiley.

2. Tanenbaum, A. S., & van Steen, M. (2020). Sistemas distribuídos: Principles and Paradigms (3ª ed.). Pearson.

3. Stallings, W. (2021). Criptografia e segurança de redes: Princípios e práticas (8ª ed.). Pearson.

4. Chandra, R., & Bala, P. (2018). Internet das coisas: Arquitetura, Protocolos e Aplicações. CRC Press.

5. Tapscott, D., & Tapscott, A. (2016). Revolução Blockchain: Como a tecnologia por trás do Bitcoin está mudando o dinheiro, os negócios e o mundo. Portfólio.

6. Narayanan, A., Bonneau, J., Felten, E., Miller, A., & Goldfeder, S. (2016). Tecnologias Bitcoin e Cryptocurrency: Uma introdução abrangente. Princeton University Press.

7. Roman, R., & Zhou, J. (Eds.). (2018). Edge Computing: Architectures, Applications, and Challenges. Springer.

8. Dinh, H. T., Lee, C., Niyato, D., & Wang, P. (2019). Computação de borda na Internet das Coisas: Concepts, Technologies, and Applications. CRC Press.

9. Bennett, C. H., & DiVincenzo, D. P. (2016). Informação e computação quânticas. Nature, 404(6775), 247-255.

10. Nielsen, M. A., & Chuang, I. L. (2010). Quantum Computation and Quantum Information (10th Anniversary ed.). Cambridge University Press.

11. Bouwmeester, D., Ekert, A., & Zeilinger, A. (2000). A Física da Informação Quântica: Quantum Cryptography, Quantum Teleportation, Quantum Computation. Springer.

12. Rezaei, S., & Kishore, R. (Eds.). (2021). Internet das coisas (IoT) e comunicações máquina-a-máquina (M2M): Technology, Applications, and Architectures. Springer.

13. Swan, M. (2015). Blockchain: Projeto para uma nova economia. O'Reilly Media.

14. Merkle, R. C. (1978). Secure Communications Over Insecure Channels (Comunicações seguras em canais inseguros). Communications of the ACM, 21(4), 294-299.

15. Gentry, C. (2009). Fully Homomorphic Encryption Using Ideal Lattices. Actas do 41.º Simpósio Anual da ACM sobre Teoria da Computação, 169-178.

16. Bernstein, D. J., Lange, T., & Schwabe, P. (2012). O impacto na segurança de uma nova biblioteca criptográfica. Journal of Cryptographic Engineering, 2(2), 77-89.

17. Kamara, S., & Lauter, K. (2010). Cryptographic Cloud Storage. Financial Cryptography and Data Security, 393-396.

18. Shor, P. W. (1997). Algoritmos de Tempo Polinomial para Factorização de Primos e Logaritmos Discretos num Computador Quântico. SIAM Journal on Computing, 26(5), 1484-1509.

19. Peikert, C., & Rosen, A. (2016). Criptografia de rede para a Internet. IEEE Security & Privacy, 14(5), 68-72.

20. Preskill, J. (2018). Computação quântica na era NISQ e além. Quantum, 2, 79.

Resumo

As referências fornecidas abrangem uma vasta gama de tópicos em computação e redes modernas, incluindo computação em nuvem, cadeia de blocos, redes quânticas, Internet das Coisas (IoT) e criptografia. Aprofundam os conceitos fundamentais, as arquitecturas, os protocolos e as aplicações nestas áreas, destacando a sua importância e impacto na tecnologia, nas empresas e na sociedade. Estes recursos oferecem informações valiosas sobre tecnologias de ponta, tendências emergentes e direcções futuras na computação e nas redes, tornando-os referências essenciais para investigadores, profissionais e entusiastas da área.

Printed by Books on Demand GmbH, Norderstedt / Germany